AF306837

Lothar-Rüdiger Lütge

Die Verehrung der heiligen Jungfrau Maria

Ein Leitfaden zum Verständnis der Gottesmutter, für reformierte Christen und Andersgläubige.

FSC
www.fsc.org
MIX
Papier aus ver-
antwortungsvollen
Quellen
Paper from
responsible sources
FSC® C105338

Herstellung und Verlag:
BoD – Books on Demand,
Norderstedt

ISBN: 9 783757 830052

Die Verehrung der heiligen Jungfrau Maria

Ein Leitfaden zum Verständnis der Gottesmutter, für reformierte Christen und Andersgläubige.

Die Verehrung, die katholische und orthodoxe Christen der heiligen Jungfrau Maria entgegenbringen, trifft außerhalb dieser traditionellen Kirchen oft auf Unverständnis und auf Verwirrung. Insbesondere reformierte Christen der unterschiedlichen Konfessionen tun sich zumeist sehr schwer damit, die intensive Hinwendung und Wertschätzung nachzuvollziehen, mit der Katholiken und Orthodoxe der Gottesmutter begegnen.

Die Katholische Kirche bezeichnet Maria als Himmelkönigin, oder auch als Königin der Engel. Sie sieht in Maria einen ganz besonderen, herausragenden Menschen. Nach den Lehren der Kirche ist Maria, nach Adam und Eva, der dritte Mensch, der von Gott ohne Erbschuld geschaffen wurde. Sie ist so etwas wie eine neue Eva. Damit nimmt sie eine ganz und gar außerordentliche Stellung in der Menschheit ein.

Maria ist also nicht nur eine besonders fromme junge Frau, die sich vor zweitausend Jahren in Palästina bereitwillig Gottes Willen fügte, vom Heiligen Geist schwanger wurde und nach neun Monaten Jesus gebar. Maria selbst ist bereits, von ihrer Mutter Anna, ohne Erbschuld empfangen worden. Gott hat also schon vor ihrer eigenen Geburt, als Maria gezeugt wurde, dafür gesorgt, dass die Erbsünde nicht auf sie übergeht. Gott hat somit die Geburt seines Sohnes Jesus durch die Jungfrau Maria bereits bei deren Zeugung vorbereitet. Als Maria von ihren Eltern, Joachim und Anna, gezeugt wurde, hat Gott die Kette der Erbsünde für Maria unterbrochen. Warum hat Gott das getan? Weil sein Sohn, Jesus Christus, selbstverständlich nicht durch einen sündigen Menschen in die Welt eintreten kann. Jesus Christus ist ganzer Mensch und ganzer Gott. Und wo Gott ist, kann keine Sünde sein. Zur Menschwerdung brauchte Gott also ein reines Gefäß, einen reinen Menschen, eine reine Jungfrau, die sich freiwillig bereit erklärt, Gottes Sohn zu empfangen und zur Welt zu bringen.

Schon dieses Verständnis von der heiligen Jungfrau Maria geht weit über alle Annahmen und Aussagen hinaus, die seitens der reformierten Kirchen bezüglich Maria getroffen werden. Aber bei den bisher betrachteten Einzelheiten, die sich lediglich auf die unbefleckte Empfängnis von Maria beziehen, handelt es sich nur um die Spitze des Eisbergs. Um die traditionelle Bedeutung der Muttergottes vollständig zu verstehen, müssen wir die Unterschiede im Welt- und Menschenbild zwischen der uralten christlichen Tradition und den reformierten christlichen Kirchen betrachten. Dies ist insbesondere relevant, da Maria für viele katholische und orthodoxe Christen, neben Jesus Christus selbst, im Zentrum der Verehrung steht.

Sehen wir uns zunächst die Menschenbilder an. Gemäß der traditionellen christlichen Lehre besteht der Mensch aus dem Körper sowie aus Seele bzw. Geist. In der traditionellen christlichen Lehre werden die Begriffe Seele und Geist oft synonym verwendet, und manchmal wird auch der kombinierte Begriff der 'Geist-Seele' benutzt. Während der Körper auf biologischer Ebene im Zeugungsakt entsteht und dann im Leib der Mutter heranwächst, wird die Seele bzw. der Geist parallel zur Zeugung von Gott geschaffen. Der Körper ist materiell und den physikalischen Gesetzen unterworfen, die Seele ist geistig und sie befindet sich jenseits von Raum und Zeit, d.h., sie existiert für immer, nachdem Gott sie erschaffen hat. Somit ist der Mensch ein ewiges geistiges Wesen, das vorübergehend einen materiellen Körper besitzt. In diesen Aspekten stimmen Katholizismus, Orthodoxie und die Reformierten Kirchen weitgehend überein. Allerdings gibt es auch wichtige Unterschiede.

Die traditionelle christliche Lehre geht davon aus, dass beim Tod eines Menschen Leib und Seele getrennt werden. Der Körper wird mit dem physischen Tod funktionslos und verfällt, die Seele jedoch ist unsterblich, sie lebt weiter, im Jenseits, also in der geistigen Welt. Dort stehen ihr drei Bereiche zur Verfügung: der Himmel, das Fegefeuer und die Hölle. Je nach ihrem persönlichen Zustand, der sich aus der Summe ihres Tuns und Lassens während ihres irdischen Lebens ergibt und zugleich und vor allem abhängig von der Gnade Gottes, tritt die Seele in einen der drei Bereiche ein. Die Seelen der Menschen, die während ihres Lebens den göttlichen Anforderungen vollständig entsprochen haben und sich uneingeschränkt im Zustand der Gnade befinden, gelangen in den Himmel. Die Seelen, die bewusst und vorsätzlich in massivem Ausmaß gegen die göttlichen Gebote verstoßen und eine endgültige Zuwendung zu Gott und seiner Gnade ablehnen, gelangen in die Hölle. Und die Seelen, die zwar nicht vollständig Gottes Geboten entsprochen, aber sich bemüht haben dies zu tun und deren individuelle Schuld nicht endgültig ist, gelangen ins Fegefeuer. Dort können sie sich einer Reinigung unterziehen, mit dem Ziel, später, nach erfolgreicher Läuterung, doch noch Gottes Gnade in vollem Umfang zu erfahren und so in den Himmel zu kommen. Das Leben im Himmel, im Fegefeuer und in der Hölle umfasst nach dieser ursprünglichen christlichen Anschauung den Zeitraum bis zum Großen Weltgericht am Jüngsten Tag. Dann erschafft Gott einen neuen Himmel und eine neue Erde. Dies ist eine stark vereinfachte Darstellung der traditionellen christlichen Vorstellungen vom Leben und Tod des Menschen, wie sie grundsätzlich in der römisch-katholischen und in der orthodoxen Kirche bis heute gelehrt werden.

Gegen all diese Vorstellung jedoch wandte sich Martin Luther. Er bestritt, dass die menschliche Geist-Seele nach dem Tod im Jenseits ununterbrochen weiterlebt. Da er sich bei seinen Ansichten ausschließlich auf seine persönliche Interpretation der Bibeltexte stützte und die ursprünglichen Lehren und Traditionen der Kirche ablehnte, wies er auch die kirchliche Lehre vom Jenseits zurück. Er fand nach seinem Verständnis in der Bibel keine schriftlichen Belege dafür. Seiner Meinung nach fällt die menschliche Seele beim Tod des Menschen, also bei der Trennung von Körper und Geist, in eine Art Schlafzustand ohne Bewusstsein, in dem sie dauerhaft verbleibt und in diesem unbewussten Zustand darauf wartet, dass Gott sie am Jüngsten Tag erwecken und mit ihrem dann neu erschaffenen Körper wieder vereinigen wird. Im lutherischen Glauben gibt es also kein bewusstes Leben nach dem Tod und keine lebendigen Seelen im Jenseits, sondern nur ein unbewusstes Dasein und die von Gott versprochene körperlich-geistige Wiederauferstehung am Jüngsten Tag. Diese Unterscheidung zwischen dem traditionellen, christlichen und dem reformierten, lutherischen Menschbild ist sehr wichtig, denn daraus resultieren sehr unterschiedliche Weltbilder.

Während im Weltbild der Katholiken und der orthodoxen Christen die jenseitige, geistige Welt nicht nur von vielen Engeln und Dämonen bevölkert wird, sondern auch von den unzähligen Seelen der Verstorbenen, die sich in verschiedenen Bereichen bewegen und vielfältig untereinander und miteinander interagieren, ist das Jenseits für Luther und die von ihm initiierten, reformierten Kirchen völlig menschenleer. Obwohl die Existenz von Engeln und Dämonen als Geistwesen grundsätzlich anerkannt wird, wird die Existenz von bewussten jenseitigen Menschenseelen nicht anerkannt. Dies ist einer der tiefgreifenden theologischen Unterschiede, die zur Reformation und zu Luthers Bruch mit der

Katholischen Kirche führten. Der sogenannte Ablasshandel war dabei nur der Auslöser des Disputs. Diese Praxis war Luther besonders deswegen ein Dorn im Auge, weil es seiner Meinung nach weder eine jenseitige Welt mit lebendigen menschlichen Seelen noch ein Fegefeuer gibt. Nach Luthers Ansicht wurden die gläubigen Menschen von der Kirche also getäuscht.

Aus traditioneller christlicher Sicht stellt sich die Situation jedoch vollkommen anders dar und es ist für das tiefere Verständnis der Marienverehrung sehr wichtig, die gegenseitige Einflussname der Menschen in der materiellen Welt auf die Seelen in der geistigen Welt, und umgekehrt, zu verstehen. Daher kann es hilfreich sein, einmal etwas genauer zu prüfen, worum es beim sogenannten Ablass in der Katholischen Kirche wirklich geht. Die notwendige Prämisse dabei ist das traditionelle christliche Weltbild: Danach gibt es eine jenseitige Welt und dort befinden sich geistige Wesen sowie die Seelen der Verstorbenen. Viele dieser Seelen werden sich, nach menschlichem Ermessen, wahrscheinlich im Fegefeuer aufhalten, um dort die für das

Himmelreich notwendige Reinigung und Läuterung zu erfahren. Und nun gehört es zum traditionellen christlichen Wissen, dass man als noch auf der Erde lebender Mensch, bei Gott, Fürbitte für diese Seelen im Fegefeuer einlegen kann. Das heißt, man kann Gott z. B. darum bitten, einem Verstorbenen gegenüber gnädig zu sein und dessen Läuterung im Fegefeuer zu verkürzen. Und man kann diese Bitte an Gott weitergehend unterstützen, indem man selbst, an Stelle des Verstorbenen, für diesen ein Opfer bringt, zum Beispiel indem man einen Geldbetrag für gute Zwecke spendet, im Namen des Verstorbenen. Man gibt also freiwillig einen Teil dessen, was man für sich erarbeitet hat, als Opfer an Gott ab - oder stellvertretend an andere Menschen -, um der eigenen Bitte an Gott Nachdruck zu verleihen. Dies ist das Prinzip, dass dem Ablass zugrunde liegt. Das Ablasssystem ergibt nur Sinn, wenn man diese Prämissen versteht und akzeptiert.

Umgekehrt kann, nach traditioneller christlicher Anschauung, ein Heiliger im Himmel, ein Engel, ein Verstorbener (bzw. dessen Seele) und insbesondere die Jungfrau Maria,

Fürbitte für einen lebenden Menschen bei Gott einlegen und auf diese Weise Gutes für ihn bewirken. Das System funktioniert also wechselseitig! Die geistige Welt und die materielle Welt sind danach mit einer Art durchlässiger Membran untereinander verbunden. Das weltliche und das himmlische Geschehen können sich gegenseitig beeinflussen und tun dies auch. Dies wird u. a. dadurch deutlich, dass, nach traditioneller christlicher Lehre, der Feier der Heiligen Messe jeweils viele Engel und Heilige beiwohnen. Für die lebenden Menschen sind diese zwar unsichtbar, aber sie sind dennoch geistig präsent. Außerdem schreiben die katholische und orthodoxe Kirche der Feier jeder Heiligen Messe unmittelbare geistige Auswirkungen zu. Das gleiche gilt für die Sakramente der katholischen Kirche. Auch hier bewirkt die materielle Handlung eine konkrete geistige Wirkung. Und wiederum umgekehrt, berichten gläubige Christen, die sich hilfesuchend an die heilige Jungfrau Maria wenden, oder sich bewusst unter ihren Schutz stellen, dass sie konkrete Hilfe in der materiellen Welt erfahren.

Martin Luther und die von ihm initiierten reformierten Kirchen lehnen all diese Prämissen weitestgehend ab. Für Luther und seine Nachfolger gibt es kein sofortiges Weiterleben der individuellen Seelen nach dem Tod in Himmel, Hölle oder Fegefeuer. Stattdessen lehren die reformierten Kirchen eine Auferstehung der Toten am Jüngsten Tag. Daher erscheint die Vorstellung, dass wir als lebende Menschen bei Gott zugunsten der Toten intervenieren können, oder dass sich umgekehrt, Tote bei Gott für uns einsetzen können, für Luther und seine Nachfolger geradezu absurd.

Im Gegensatz dazu, ist die Interaktion und die Kommunikation mit den Bewohnern der geistigen Welt für katholische und orthodoxe Christen ein essentieller Bestandteil ihrer Religion. Katholiken und Orthodoxe rufen regelmäßig die Fürbitte bestimmter heiliggesprochener Personen an, die sie als Heilige verehren. Dabei handelt es sich um Personen, die zu Lebzeiten ein besonders gottgefälliges Leben geführt haben und von denen angenommen wird, dass sie sich jetzt, nach ihrem irdischen Tod, als menschliche Seelen bei Gott im Himmelreich befinden. Diese heiligen Seelen haben somit direkten Zugang zu Gott und können bei ihm Fürsprache für uns und unsere Belange einlegen. Die katholische Kirche kennt hunderte dieser heiligen Seelen im Jenseits und empfiehlt den Gläubigen sich im Gebet an diese zu wenden, um durch sie bei Gott Unterstützung für die eigenen Anliegen zu erlangen.

Erst bei Kenntnis dieses theologischen Hintergrunds wird die Verehrung der Jungfrau Maria und die Hinwendung zu ihr auch für reformierte Christen und Andersgläubige verständlich. Maria, die sich in der einzigartigen Position als Jungfrau und Mutter Jesu befindet, wird in der katholischen und orthodoxen Tradition mit einer Verehrung betrachtet, die jede andere Heiligenverehrung übersteigt. Sie verkörpert die pure Reinheit, ohne jeglichen Makel. Sie ist so, wie der Mensch sein sollte, so, wie er von Gott gedacht und geschaffen wurde, bevor er sich von Satan dazu verleiten ließ, sich von seinem Schöpfer abzuwenden. Und diese heilige Jungfrau Maria, befindet sich, nachdem sie die Erde verlassen hat, im Himmelreich, bei ihrem Sohn

Jesus Christus, bei Gott und beim Heiligen Geist. Und von dort aus kann und wird sie Fürsprache für uns einlegen. Sie setzt sich sowohl für jeden Einzelnen ein, der sich ihr bewusst zuwendet und sie aktiv darum bittet, als auch für die Menschheit im Allgemeinen. Maria agiert als Fürsprecherin der Menschen vor Gott und hat ihre Fürsorge und Hilfe in zahlreichen Erscheinungen über die Jahrhunderte hinweg, bis in die jüngste Vergangenheit, weltweit immer wieder offenbart.

Die katholische Kirche sieht Maria als spirituelle Mutter aller Christen und als Mutter der Kirche an. Sie verlieh ihr die Titel „Himmelskönigin" und „Königin der Engel". Ihr Heiligkeitsstatus wird also höher als der der Engel eingeschätzt. Sie rangiert in der himmlischen Hierarchie direkt unterhalb der göttlichen Trinität aus Vater, Sohn und Heiligem Geist. Entgegen den häufig zu hörenden Anklagen von reformierten Christen, wird Maria im Bereich des katholischen und orthodoxen Glaubens keineswegs „vergöttlicht". Und sie wird auch nicht mit Gott gleichgestellt. Sie wird als besonders geachtete Heilige gesehen, die aufgrund ihrer einzigartigen Rolle als Mutter Jesu und ihrer Nähe zu Gott eine besondere

Stellung im Himmel einnimmt. Maria setzt sich für das Menschengeschlecht ein, dem sie ja selbst entstammt, und als dessen erhabenste Vertreterin sie fungiert.

Nach traditioneller christlicher Vorstellung spielt Maria in Gottes Plan für die Welt eine besondere Rolle, insbesondere in Bezug auf die Erlösung der Menschheit durch Jesus Christus. Als „zweite Eva" hat sie durch ihre Bereitschaft, vom Heiligen Geist schwanger zu werden und den göttlichen Sohn Jesus Christus zu gebären, den Fehler der ersten Eva - unserer aller Urmutter, die sich im Paradies vom Teufel verführen ließ - wiedergutgemacht. Ihr Sohn, Jesus Christus, der Sohn Gottes, soll der Schlange, also dem gefallenen Engel Luzifer, dem Widersacher Gottes, den Kopf zertreten. Einige Überlieferungen sehen sogar Maria selbst als diejenige, die letztlich Satans Zerstörung vollzieht. So berichtet es die Bibel bereits zu Beginn, im Buch Genesis, Kapitel 3.

Maria wird im Katholizismus und in der Orthodoxie also als eine ganz besondere Frau, ja allgemeiner gesprochen, als ein ganz besonderer Mensch, betrachtet. In der katholischen Theologie wird Maria als einzigartig unter den Menschen betrachtet, da sie nach der Lehre der unbefleckten Empfängnis ohne den Makel der Erbsünde zur Welt kam. Aufgrund ihrer Reinheit und ihres makellosen Lebens wurde Maria nach ihrer Zeit auf Erden gemäß katholischer und einiger orthodoxer Lehren von Gott direkt, mit Leib und Seele, in den Himmel erhoben. Die körperliche Aufnahme in den Himmel wurde möglich, weil Maria ohne Erbsünde war und daher nicht dem Tod unterworfen ist. Im himmlischen Jenseits lebt sie in nächster Nähe zu Gott, zu ihrem Sohn Jesus Christus und zum Heiligen Geist und setzt sich für die Menschen ein! Als Himmelskönigin und Mutter der Kirche und der Christenheit bittet sie Gott um Gnade und Hilfe für die Menschen.

Neben Maria gibt es viele weitere Heilige, die im Himmel in Gottes Nähe leben, sowie die große Zahl der Engel, die Gott zugewandt sind, ihn verehren und seinen Willen erfüllen. All diese Instanzen stehen den gläubigen Katholiken und Orthodoxen zur Anrufung zur Verfügung. Maria, die Engel und die Heiligen sind durch unsere Gebete stets erreichbar und sie sind bereit und willens sich für uns bei Gott einzusetzen, wenn wir sie aufrichtig und mit reinem Herzen darum bitten.

Zusammenfassend sind es in der katholischen Tradition insbesondere vier kirchliche Lehrsätze, sogenannte Dogmen, mit denen die Eigenschaften und der Status von Maria festgeschrieben werden.

1. Die Gottesmutterschaft Mariens: Maria ist die Mutter Jesu Christi und somit auch die Mutter Gottes.

2. Die Jungfrauengeburt: Maria hat Jesus durch den Heiligen Geist empfangen und ist somit trotz ihrer Schwangerschaft für immer Jungfrau geblieben.

3. Die unbefleckte Empfängnis: Maria selbst wurde ohne Erbsünde empfangen und geboren.

4. Die leibliche Aufnahme Mariens in den Himmel: Maria wurde nach ihrem Tod mit

Leib und Seele in den Himmel aufgenommen.

Diese Lehrsätze gelten im Bereich der Katholischen Kirche und, mit Abweichungen, auch im orthodoxen Christentum.

Die Hinwendung der Gläubigen zur Gottesmutter erfolgt zum einen in zeremonieller Form, in speziellen kirchlichen Marien-Andachten und Gebetszeiten. Der Monat Mai wurde von der katholischen Kirche vor langer Zeit speziell zum „Marienmonat" erklärt, und es finden regelmäßige Marienandachten in den Kirchen statt. Zum anderen ist das tägliche persönliche Gebet zur Gottesmutter für den katholischen Christen der zentrale und wichtigste Weg, um mit Maria in Kontakt zu treten und seine tiefe Verbundenheit zu ihr auszudrücken.

Es gibt sehr viele weit verbreitete und auch weniger bekannte Mariengebete. Das „Ave Maria" ist das bekannteste und wichtigste aller Mariengebete. Der Text des Ave Maria besteht aus zwei Teilen, die in unterschiedlichen historischen Kontexten entstanden sind. Der erste Teil des Gebets stammt direkt aus der Bibel und enthält die Worte, die zum einen der Erzengel Gabriel und zum anderen Elisabeth, die Mutter von Johannes dem Täufer, an Maria richteten. Diese Aussagen finden sich im Evangelium nach Lukas (Lk 1,28 und Lk 1,42):

"Gegrüßet seist du, Maria, voll der Gnade, der Herr ist mit dir." (Lk 1,28)
„Du bist gebenedeit unter den Frauen und gebenedeit ist die Frucht deines Leibes, Jesus." (Lk 1,42)

Der zweite Teil des Gebets, der Maria um ihre Fürsprache bittet, wurde später hinzugefügt und hat im Laufe der Jahrhunderte verschiedene Formen angenommen. Die derzeitige Formulierung:

"Heilige Maria, Mutter Gottes, bitte für uns Sünder, jetzt und in der Stunde unseres Todes. Amen."

wurde im 16. Jahrhundert während des Konzils von Trient (1545-1563) festgelegt.

Zusammengenommen lautet das Ave Maria also:

Gegrüßet seist du, Maria, voll der Gnade, der Herr ist mit dir. Du bist gebenedeit unter den Frauen und gebenedeit ist die Frucht deines Leibes, Jesus.
Heilige Maria, Mutter Gottes, bitte für uns Sünder, jetzt und in der Stunde unseres Todes. Amen.

Das Ave Maria ist eines der am häufigsten gesprochenen Gebete im katholischen Christentum. Es wird in unterschiedlichen Kontexten gebraucht, vor allem beim persönlichen Gebet und besonders beim Rosenkranzgebet. Der Rosenkranz ist eine meditative Gebetsform in der das Ave Maria, im Wechsel mit anderen Gebeten und mit speziellen Aussagen zu den Stationen im Leben und Sterben Jesu, insgesamt 53 Mal wiederholt wird. Katholische Christen beten den Rosenkranz entweder allein oder in Gruppen, wobei sie sich dann jeweils von Strophe zu Strophe abwechseln.

Ein weiteres, weit verbreitetes Gebet zur Jungfrau Maria ist das „Sub Tuum Praesidium". Es handelt sich dabei um das älteste bekannte und heute noch gebräuchliche Mariengebet. Die ältesten vorhandenen Aufzeichnungen dieses Gebets sind in griechischer Sprache verfasst und datieren aus dem 3. Jahrhundert:

„Unter deinen Schutz und Schirm fliehen wir, o heilige Gottesgebärerin,
verschmähe nicht unser Gebet in unseren Nöten, sondern erlöse uns jederzeit von allen Gefahren."

Ein häufig hinzugefügter zweiter Teil des Gebets stammt aus späterer Zeit:

„O du glorreiche und gebenedeite Jungfrau, unsere Frau, unsere Mittlerin, unsere Fürsprecherin. Versöhne uns mit deinem Sohne, empfiehl uns deinem Sohne, stelle uns vor deinem Sohne."

Zusammengefasst lautet das Gebet also:

**Unter deinen Schutz und Schirm fliehen wir,
o heilige Gottesgebärerin, verschmähe nicht
unser Gebet in unseren Nöten, sondern erlöse uns jederzeit von allen Gefahren.
O du glorreiche und gebenedeite Jungfrau,
unsere Frau, unsere Mittlerin, unsere Fürsprecherin. Versöhne uns mit deinem
Sohne, empfiehl uns deinem Sohne, stelle
uns vor deinem Sohne.**

Abschließend soll ein kurzes Gebet an Maria
erwähnt werden, welches uns die Heilige
Jungfrau selbst bei ihren Erscheinungen im
Jahr 1830 in Paris gegeben hat. Damals er-
schien die Jungfrau Maria wiederholt der Or-
densschwester Katharina Labouré und bat
sie darum, eine Schutzmedaille für notlei-
denden Menschen fertigen zu lassen. Die
Medaille sollte, neben anderen Details, fol-
gende Aufschrift haben:

**O Maria, ohne Sünde empfangen, bitte für
uns, die wir zu dir unsere Zuflucht nehmen.**

Die Medaille fand sehr schnell eine sehr
weite Verbreitung in der katholischen Welt.
Allein in den allerersten Jahren wurden

mehrere Millionen Exemplare gefertigt und verteilt. Sie ist inzwischen auf der ganzen Welt verbreitet und wird bis heute von vielen Katholiken weltweit getragen. Aufgrund der häufigen Berichte über ganz konkrete Hilfen, die die Gläubigen von der Gottesmutter erhalten haben, ist diese Medaille als die „Wundertätige Medaille" bekannt. Den gläubigen Katholiken ist dabei selbstverständlich bewusst, dass die Medaille selbst keine Wunder wirkt und dass die Rolle der Heiligen Jungfrau Maria die einer Vermittlerin ist. Maria tritt für uns bei ihrem Sohn Jesus Christus, Gott dem Vater und dem Heiligen Geist ein. Ihre Rolle ist die einer Fürsprecherin. Maria, Mittlerin der Gnaden (lateinisch: Maria Mediatrix) ist ein in der römisch-katholischen Kirche verwendetes Attribut oder eine Anrufung der Maria, der Mutter Jesu. Maria dient als Vermittlerin der Gnade, die wir von Gott erhalten.

Zum Abschluss soll darauf hingewiesen werden, dass die vorstehenden Ausführungen ausschließlich dazu dienen, ein generelles Verständnis für die traditionelle Verehrung der heiligen Jungfrau Maria bei reformierten Christen und Andersgläubigen zu ermöglichen. Um eine möglichst klare und aussagefähige Darstellung zu erreichen, sind die theologischen Inhalte und Lehren der einzelnen Konfessionen und Glaubensrichtungen zum Teil vereinfacht worden. Ferner wurde zugunsten der generellen Klarheit und Übersichtlichkeit, auf eine tiefgehende Differenzierung im Detail verzichtet. Es wurde zugleich versucht, grobe Ungenauigkeiten oder falsche Zuschreibungen zu vermeiden. Die den Ausführungen zugrundeliegenden Intentionen sind ausschließlich konstruktiv und positiv. Sollten Gläubige jeglicher christlichen Konfession oder anderer Glaubensrichtungen Mängel in der Darstellung der Glaubensüberzeugungen erkennen, wird um Nachsicht gebeten.

Für weitergehend Interessierte wird auf folgendes Buch verwiesen:

Gott ist Person!

Warum es wichtig ist, Gott als ewiges, unveränderliches Individuum zu begreifen.

© 2019 Lothar-Rüdiger Lütge

Herstellung und Verlag:
BoD – Books on Demand, Norderstedt

ISBN: 9 783744 820004